# किसलय

## कोमल मन की आवाज़



तेजस पांडेय

BookLeaf Publishing

India | USA | UK

Made with ❤ on the BookLeaf Publishing Platform
www.bookleafpub.in
www.bookleafpub.com

# Dedication

समर्पण

मैं अपनी कवितावों को अपने सम्पूर्ण पाठकों को समर्पित करता हूँ! बहुत ज्यादा नहीं लिखते हुए सिर्फ थोड़ा लिखूंगा! क्योंकि "समर्पण" शब्द ही अपने आप में सम्पूर्ण है! हिंदी में रूचि रखने वालों से बस इतनाहीं अनुरोध है कि कविताओं में मेरा समर्पण देखने का प्रयत्न करें, जो मैंने विषय बस्तु के हिसाब से शब्दों के साथ समर्पित किया है!
इस पुस्तक में अलग-अलग विषयों पर कविताओं में उन विषयों के भाव को अलग-अलग तरीके से समर्पित किया गया है!
अतः हर विधा के समर्पण को अपने दृष्टिकोण से समझने बुझने के बाद अपनी रूचि के विषय पर की रचना को अपना प्यार दें!

समर्पण
तेजस पांडेय
10 अगस्त 2025

# Preface

"प्रस्तावना"

21 कविताओं के संगम से निर्मित इस पुस्तक में पढ़ने वालों को कुछ नयापन लगे, थोड़ी हंसी आये, थोड़ी मुस्कराहट और थोड़ी गंभीरता जरुरत पड़ने पर अपना स्थान ले ले! बस इतनी सी इक्षा है!
मैं बहोत बड़ी भूमिका तो लिखने से रहा, बस इतना आग्रह करूंगा की जब भी कोई पाठक इस पुस्तक के पन्नों को पलटने का विचार करे, उससे पहले दिनभर के झमेलों से स्वयं को थोड़ा पृथक करे और अपने आप में एक साहित्यिक कमरे के ढांचे का निर्माण करे! फिर एक हवादार कोने में चाय की प्याली के साथ बैठने की कृपा करें- तत्पश्चात पुस्तक खोलें!
पुस्तक के २१ रचनाओं में से किसी भी एक कविता के पिरोये शब्दों में आप अपने रूह को महसूस कर सकें तो आसमान में उड़ते बादलों की तरफ मुस्कुराकर जरूर देखें! मुझतक आपका प्यार पहुँच जायेगा, मैं चाहे धरती के किसी कोने में भी रहूं!
इन कविताओं को पढ़ते पढ़ते अगर आप गाने लग जाएँ अथवा किसी एक कविता के आगोश में आकर आपके चेहरे पर गंभीरता आ जाये, फिर थोड़ी मुस्कूराहट और बाद में थोड़ी ख़ामोशी अपना स्थान ले ले - मैं समझूंगा इन रचनाओं का बेंडा पर हो गया!
बस इतनी सी भूमिका है- मेरा लिखा आपके दिल दिमाग तक ठीक ठाक पहुंच जाये!

तेजस पांडेय

10 अगस्त 2025

# Acknowledgements

नमस्कार पाठकों
मेरी ये पहली कविता संग्रह पुस्तक है!

इसमें कुल २१ कवितायेँ हैं! शायद मेरी रचनाएँ आपके ह्रदय को स्पर्श करें और मुझे आपका प्यार मिले!
आपसभी का जितना प्यार मिलेगा मेरा ह्रदय उतनाही ज्यादा हर्षित होगा! उस हर्षित ह्रदय से आप सभी कविता पाठकों को अग्रिम धन्यवाद लिख रहा हूँ!
इस पुस्तक के अभिस्वीकृति पृष्ठ पर सबसे पहले पाठकों को धन्यवाद् - जो इस समय पढ़ना शुरू कर चुके हैं!

BookLeaf Publishing Team को विशेष धन्यवाद जिन्होंने एक प्लेटफार्म प्रदान किया! मुझे अपनी कविताओं को एक पुस्तक में पिरोने का अवसर प्रदान किया! विशेष आभार!

मेरे प्रिये मित्र अर्जुनजी जिन्होंने मेरी कविताओं को नए अंदाज में देखा, समझा और आवश्यकतानुसार सुझाव देने का काम किया! हौसला बढ़ाया! विशेष आभार!

धन्यवाद्
तेजस पांडेय
10 अगस्त 2025

# जोरू का गुलाम बनूंगा

मैं जोरू का गुलाम बनूंगा
सुबह सुबह जब नींद खुलेगी
पत्नी को प्रणाम करूँगा
जोरू का गुलाम बनूंगा

ऑफिस से आते आते हीं
दरवाज़े के खुलजाते हीं
शष्टांग प्रणाम करुंगा
जोरू का गुलाम बनूंगा

हर Sunday को Market जाकर
पत्नी के साथ पॉप कॉर्न खाकर
कॉफी और पेप्सी का घूंट मारूंगा
जोरू का गुलाम बनूंगा

पीवीआर से वापसी पर
ऑटो या ई-रिक्शा में बैठकर
फिल्म की कहानी का सार समुझंगा
जोरू का गुलाम बनूंगा

जब रसोई में वो थक जाए तो
थक कर बिस्तर पर बैठ जाए तो
उसके माथे को चूमकर -
मैं उसका आराम बनुंगा
जोरू का गुलाम बनूंगा

लड़ाई में भी प्यार में भी
दूर से भी संग में भी
उसका हर इल्ज़ाम सहूंगा
जोरू का गुलाम बनूंगा

तुम एक कहोगी मैं सौ सुनूंगा
तुम एक लिखोगी मैं सौ गाऊंगा
तुम्हारे बालो की छांव लेकर-
बांसुरी का धुन रचूंगा
जोरू का गुलाम बनूंगा

या कदम्ब के वृक्ष चढ़कर
या यमुना के तीर बैठ कर
मैं तेरा घनश्याम बनूंगा
जोरू का गुलाम बनूंगा

कोई जानकी सी मिल जाए
घर आँगन को अवध बनाये
मैं उस सीता का राम बनूंगा
जोरू का गुलाम बनूंगा

मैं जोरू का गुलाम बनूंगा
सुबह सुबह जब नींद खुलेगी
पत्नी को प्रणाम करूँगा
मैं जोरू का गुलाम बनूंगा

# प्रेम पर क्या लिखूं

प्रेम पर क्या लिखूं
इसमे वार बहत है
फिर भी लिख रहा हूं
आख़िर, तुमसे प्यार बहत है

बिछड़ने के लिये
बहाने की क्या ज़रूरत
तुम्हारा इनकार बहत है

1.
रहते हम शायद
साथ साथ
चलते हम शायद
साथ साथ
जीवन संगीत के लय में बदल जाती
एक खुशनुमा अभिनय में बदल जाती
जिंदगी कट जाती तुम्हें देख देख कर
ये शरीर मिट जाता तुम्हें सोंच सोंच कर

लेकिन क्या करूं

तुम्हे चाहने में तकरार बहत है
तुम मिलने के लिए राजी भी हो जाओ
तो जमाने का रार बहत है!

2.

इस प्रेम का क्या करें
इसका ऐसा ही है
मंजिल सदृश्य है पर
रास्ता जलेबी जैसा ही है
जब मैं राजी तो तुम खफा
तुम राजी तो मैं खफा

लोग देखते होंगे तुमको कहीं
तो सोंचते होंगे मुझको भी
अगर कहीं बात चलती होगी मेरी
तो हंसकर याद करते होंगे तुमको भी

लोगों का क्या करें
उनका भी ऐसा हीं है
इस प्रेम का क्या करें
इसका ऐसा हीं है

3.

अब कुछ अजीब लगने लगा है
इन हवाओं का रुख देखकर
दुःख होता है
इनके प्रवाह में दुःख देखकर

मैं खुद में हवाओं का अक्स देखता हूँ
इनमें उड़ते हुए गर्द देखता हूँ
मेरी कहानी भी हवाओं जैसी है
हम दोनों में दर्द बहोत है

अरे पगली तू क्या देख रही है
जा सो जा
आज रात शर्द बहोत है

प्रेम पर क्या लिखूं
इसमे वार बहत है
फिर भी लिख रहा हूं
आख़िर, तुमसे प्यार बहत है
बिछड़ने के लिये
बहाने की क्या ज़रूरत
तुम्हारा इनकार बहत है!

# दुश्मन नहीं मानता

वो खुद को समझने की कोशिश करता
तो मुझे दुश्मन नहीं मानता

1.
मेरे इरादों पर गौर करता
मेरी नज़रों से देखता
थोड़ी दूर मेरे साथ चलता
मेरी मंजिल को पहचानने की कोशिश करता
तो मुझे दुश्मन नहीं मानता

2.
मेरे दिल की बेचैनी
मेरे जज्बात को
मेरे मन में उठ रहे तूफानी
हर सवालात हो
खुद में समाहित करने की कोशिश करता
तो मुझे दुश्मन नहीं मानता

3.
वो एक पत्थर जैसा है

रास्ते में पड़ा हुआ
वो इतना बुरा नहीं
है बस उलझा हुआ
चिंगारी उसमें भी है
है फिर भी बुझा हुआ
ठंढे मौसम में चद्दर सा है
पर बक्से में पड़ा हुआ
अगर खुद को समझने की कोशिश करता
तो मुझे दुश्मन नहीं मानता

# डिजिटल मोहब्बत

मोबाइल ने मोहब्बत की
परिभाषा बदल दी है
ऐसे वैसे के चक्कर में
प्रेम की गाथा बदल दी है

आये दिन स्क्रीन का फोटो
बदल जाता है
पासवर्ड से नाम का स्पेलिंग
बदल जाता है

किसी की प्रेमिका बदल जाती है
किसी का प्रेमी बदल जाता है

व्हाट्सप्प पर लास्ट सीन
ऑफ कर कर दिया जाता है
स्टेटस लगाया जाता है लेकिन
उसमे भी सेटिंग का इस्तेमाल किया जाता है
नया अपडेट जिसको दिखाना है
उसको जस का तस
बाकी सबको ऑफ कर दिया जाता है

ज़िन्दगी तू कहाँ उलझ गयी है
दो उँगलियों के बीच में
कम्बख्त इंटरनेट ने बदल दिया है
समतल को ऊंच नीच में

# बेरुखी

क्या हुआ जो तुम
मुझे न मिलोगी
जो मुझे न मिलोगी
तो किसी और पे लुटोगी

रक्त की लकीरों से
लिखा था मेरा नाम
अपनी कलाई पर
अब जो मुझे मिटाओगी
अपनी हथेलिओं की मेहँदी से
तो क्या नाम किसी और का लिखोगी

ये लिखना मिटाना तो
तुम्हारी फितरत है
ये फिजूल है बेमतलब है
इसकी क्या जरुरत है
मैं समझ चूका हु तुम्हारा इरादा
तुम्हारी मोहब्बत तो सिर्फ दौलत है

सब तो ठीक था

हमारा मिलना भी नजदीक था
हाँ थोड़ी मुश्किलें थीं
पर तुम भी तो तैयार थी
फिर ये बेरुखी कैसी
ये क्या हो गया तुम्हे
ये क्या किया तुमने
तुम तो ऐसी न थी

तुम्हारा मिलना भी कबूल था
बिछड़ना भी कबूल था
मुझे तो हर शर्त मंजूर था

बिछड़ने से पहले एक दीदार जरुरी था
तुम्हारा मुझसे मिलकर
नए दौर का इजहार जरुरी था

मुझे तो हर शर्त मंजूर था

क्या हुआ जो तुम
मुझे न मिलोगी
जो मुझे न मिलोगी
तो किसी और पे लुटोगी

# सिर्फ मुझको चाहती है

वो मुझको चाहती है
सिर्फ मुझको चाहती है
कहती है सुनाती है
गाती है गुनगुनाती है
हर बात पर मुस्कुराती है

वो मुझको चाहती है
सिर्फ मुझको चाहती है

1.
आँगन के धूप में
पंछियो के रंग-रूप में
सावन के रिमझिम में
मिटटी के सिमसिम में
छत के किनारे से
बरामदे में खम्भे के सहारे से
मुझको ही निहारती है
वो मुझको चाहती है
सिर्फ मुझको चाहती है

2.

कल जो उसने कहा था
वही जो मेरी धड़कनों ने सुना था
उसने कहा था खिड़कियों के लिए
रौशनदान और दीवारों के लिए
चादरों और सिरहानों के लिए
अलने पर टंगे चीर वसन के लिए
दराज में पड़े उस कंगन के लिए

ये सब शर्माने लगे
एक दूसरे में खुद को छुपाने लगे
फिर वो आइना देखती है
आइना भी शर्माने लगता है
पर वो आईने को छेड़ती है
उससे कुछ कहती है
वही जो मेरी धड़कने सुनती हैं
वो मुझको चाहती है
सिर्फ मुझको चाहती है

3.

आज आसमां रोते रोते रह गया
दिन ढलने के बाद भी
कुछ अधूरा रह गया
नसीब बादल का
वो छत पर आ गयी
पीले दुपट्टे को हवा में लहरा गयी
खुशनसीब बादल

थोड़ा गरज गया
थोड़ा बरस गया
गुलाबी होठो को तरस गया
दुपट्टे सा उड़ता चला गया

बादल जा चूका था
सूरज मुक्त हो चूका था
उसने छत पर देखा
थोड़ा शरमाया
थोड़ा लाल हुआ
दिन भर के तपन से
अब जाके आराम हुआ

संध्या सौतन सी आयी
सहेली निशा को साथ ले आयी
आसमान सो चूका था
कल्पनाओं में खो चूका था

वो नभ में देख रही थी
सितारों से कह रही थी
वो मुझको चाहती है
सिर्फ मुझको चाहती है

# याद आती हो

तुम याद आती हो
चश्म के झील में
मुस्कुराती शर्माती हो
तुम याद आती हो
बहत याद आती हो

1.

सवेरे जब उठता हूँ
अलार्म बंद करता हूँ
फ़ोन में तुम्हारा नंबर देखता हूँ
तुम्हे ढूंढता हूँ
तुम्हे सोंचता हूँ
फिर उदास होकर नहाने चला जाता हूँ
ऐसा लगता है
स्नानघर के दरवाजे पर
तौलिया रख जाती हो
तुम याद आती हो
बहत याद आती हो

2.

ऑफिस निकलते समय
कोई बुलाता है
ऐसा लगता है
छूटा हुआ पर्स कोई दे जाता है
ऐसा लगता है
कमीज पर सटे धागे को
कोई हटा देता है
ऐसा लगता है

ऐसा लगता है
मुस्कुराते हुए किवाड़ बंद कर देती हो
तुम याद आती हो
बहत याद आती हो

3.

दोपहर में लंच के समय
अब कोई फ़ोन नहीं आता
क्या खा रहे हो
अब कोई नहीं पूछता
आराम से खाओ - जल्दी क्या है
अब कोई नहीं कहता
ऐसा लगता है
सैकड़ो मील दूर से
पानी पीला जाती हो
तुम याद आती हो
बहत याद आती हो

4.

कल जब ऑफिस से निकला था
वही स्टेशन के पास खड़ा था
तुम्हें कभी दिखाया था
एक दुकान वीडियो में
तुमने कहा था
आने के बाद चलोगी
वहीँ चाय पियोगी और
मेरे साथ बैठोगी
जब भी उस दुकान से गुजरता हूँ
तुम याद आती हो
बहत याद आती हो

5.

उल्फ़त की गुफ्तगू नहीं होती
अब
गुफ्तगू पर वो नोक झोक नही होती
अब
सोता हूँ तो बिस्तर साथ नहीं देता
अब
ओढ़ता हूँ तो चादर साथ नहीं देता
अब
फ़ोन पर तुम्हारी साँसे सुनाई नहीं देतीं
अब
तुम्हारे पंखे की आवाजें सुनाई देतीं
अब

मुझे खबर है तुम जा चुकी हो
अब
हमारे बीच एक दिवार उठा चुकी हो
अब

जाने के बाद भी
ऐसा लगता है
तकिये के पास बैठकर
कोई गीत सुनाती हो
तुम याद आती हो

बहोत याद आती हो
चश्म के झील में
मुस्कुराती शर्माती हो

तुम याद आती हो
बहत याद आती हो

# तुम रहो ना रहो

तुम रहो ना रहो

तुम्हारा होना भी खास
तुम्हारा न होना भी खास

तुम पास होते
तो सबखुछ खास होता
रातें खास होतीं
दिन खास होता

सवेरे की चाय खास होती
शाम की राय खास होती

परदे से फिसलकर
कमरे में आ रही
किरणे खास होतीं
उन किरणों से दिवार पर
निखरे सात रंग खास होते

कुछ खास है तुम्हारे होने में

साथ हंसने और रोने में
तुम्हे सोंचकर जागने और सोने में

मगर अब हालात अलग है
हिरे के खिलखिलाते
रौशनी का सौगात अलग है

जाते जाते
अपनी रेशमी ज़ुल्फ़ों से
थोड़ी खुशबु
थोड़ा बादल
थोड़े छाँव
थोड़ा अँधेरा
मेरी देहलीज पे छोड़ जाना
मैं उन्हें अपने
ख्वाबों के घरौंदे में
दरीचे पर सजा कर रखूँगा

कल का क्या पता
तुम रहो ना रहो

तुम रहो ना रहो
तुम्हारा ना होना भी खास होगा
तुम्हारी परछाई होगी
तुम्हारी अंगड़ाई और
उसका नक्शा पास होगा

घर के कोने कोने में
तुम्हारे गेंहुए बदन की
खुशबु खास होगी

मेंज पर रखे किताबों के पन्नों पर
अंगूठे की निशानी खास होगी
आँगन की मिटटी पर
खींचे हुए पैरों के निशां खास होंगे

आईना खास होगा
आईने में मुखड़ा खास होगा

तुम रहो ना रहो
तुम्हारा होना भी खास होगा
तुम्हारा न होना भी खास होगा

# सब मोह माया है

सब मोह माया है

प्रेम का प्रस्ताव
किसी के नूर का प्रभाव
रंग रूप हाव भाव
चेहरे पे धूप का फिसलाव

सब मोह माया है

देखना दिख जाना
आना और
आ के चले जाना
दो से एक होना
मिलना बिछड़ना
वो लम्हा ये लम्हा
तन्हाई में रात बिताना
आँखों को आंसुओं
से भर लेना
कलाई काट के
नाम लिख लेना

सब मोह माया है

कोई देखता है
मुस्कुराता है
मिलता है
कुछ कहता है
फिर रोज मिलता है
रोज कुछ कहता है
रोज रोज मिलता है
फिर एक दिन
ऊब जाता है
उसका मन भर जाता है
और लौट जाता है
कोई हमेशा के लिए नहीं आता

इसीलिए तो कहता हूँ
सब मोह माया है

कभी कभी ऐसा होता है
सब ठीक चल रहा होता है
वादे और इरादे के तर्ज पर
वफादारी के कर्ज पर

लेकिन एक दिन
सब बदल जाता है
हिरे के ब्यापारी से

सोनार हार जाता है

यहीं तो असली ज्ञान है
इनसे निपट लेना हीं गंगा स्नान है

कुछ भी सदा नहीं रहता
कोई हमेशा के लिए नही आता

परिवर्तन ही संसार का नियम है
बाकी सब मोह माया है

# ज़िन्दगी बेरंग है

ज़िन्दगी बेरंग है
उसके जाने के बाद
एक रोग है सबको
मोहब्बत में हार जाने के बाद

ये जीवन कभी छांव है
कभी धूप है
प्यार इश्क़ और मोहब्बत के
दो दो रूप हैं

पहला रूप मोहब्बत का
जिसमें
आंखों का टकराव है
एक अथाह समुन्दर में
बेपरवाह बहाव है

दिलों का दिलों से
आँखों का आँखों से
अंगों का अंगों से मिलना है

दो वादे लेने हैं
दो वादे करने हैं
सुनना है कहना है
हसना है खेलना है
हर रोज
अक्षर अक्षर
शब्द शब्द
दिन महीने साल
बिताना है उल्फत में

दूसरा रूप मोहब्बत का

जिसमें
एक वक़्त के बाद
दिवार में दरार पड़ जाना है
अलग होने का कोई न कोई बहाना है
कभी किसी को बेहतर मिल जाना है
तो कभी किसी का फरेबी हो जाना है

रूप चाहे जितने भी हों
आखिर में तन्हाई का फ़साना है

प्यार तो
अकेलेपन से
बचने का ठिकाना है
उम्र के बहाव में बह जाना है

लोग समझते हैं
लेकिन देर से
उजाले के लिए
भागते हैं अंधेर से

तीर लगता है सबको एकदिन
आँखें खुलती हैं सबकी एक दिन

और क्या कहूं उल्फत के गुणगान में
वफादारी में अपना पल्ला भी तंग है
मोहब्बत में हार के बाद
ज़िन्दगी बहत बेरंग है!

# मेरे तो बस तुम हो

मेरे तो बस तुम हो

धूप तुम्हारा छाँव तुम्हारे
ओस तुम्हारा पाँव तुम्हारे
मेरा क्या
मेरे तो बस तुम हो

ज़ुल्फ़ों का है रंग तुम्हारा
रूप तुम्हारा अंग तुम्हारा
मेरा क्या
मेरे तो बस तुम हो

1.
नैन अक्क्ष के ऊपर ऊपर
लहराते से लट तुम्हारे
मुख ललाट के ऊपर ऊपर
धागों से सिलवट तुम्हारे
हंसी तुम्हारी ख़ुशी तुम्हारी
पलकें और आंसू तुम्हारे

मेरा क्या
मेरे तो बस तुम हो

2.

मखमल जैसे गाल तुम्हारे
गालों पे दो तिल तुम्हारे
होठों की मुस्कान तुम्हारी
अचल आरोहित कान तुम्हारे
पर्वतों की शान तुम्हारी
पंछियों के गान तुम्हारे

मेरा क्या
मेरे तो बस तुम हो

3.

सरस अंग का राज तुम्हारा
यौवन का साम्राज्य तुम्हारा
कदम कदम पर भार तुम्हारा
पूरा है संसार तुम्हारा
हवा और खुशबु तुम्हारी
गीत और संगीत तुम्हारे

मेरा क्या
मेरे तो बस तुम हो

# उम्मीदों के बोझ तले

इस दुनिया के
काल चक्र में
कर्म फल के
आश अब्र में

ध्यान लगाए जा रहा हूँ
कल क्या होगा यहीं सोंचकर
शीश झुकाये जा रहा हू
कुछ तो होगा
कभी तो होगा
जब भी होगा
हो के रहेगा

यहीं सोंचकर बहला लेता हूँ
मन अपना
फिर से तरुणाई को मिलकर
भिगो लेता हूँ तन अपना

आशाओं का बाढ़ लिए
मुझ पर आँख रुकी है सबकी

हार चूका हूँ कई युद्ध मैं
फिर भी शीश झुके हैं सबके
उम्मीदों के बोझ तले!

# जीत के बाद क्या है

आज कुछ अलग लिखता हूँ
अपने किये का फल गिनता हूँ
होनी और कर्म का इंसाफ करता हूँ

कभी उदासी का
मौसम छा जाता है
अकेलेपन के कोने में
रुला जाता है

लगता है ज़माने से
हार चूका हूँ
खड़े होने से पहले हीं
गिर चूका हूँ

कभी कभी मौत से
मिलने जाया करता हूँ
वापस आने के बाद
खुद को समझाया करता हूँ

किताबों के आँगन में

अक्षरों शब्दों के दामन में
जीने का अरमान जनमता है
दुनियां के संघर्षों के साथ
लड़ने का अरमान पनपता है
हर जंग जीत जाने का
अभिमान पनपता है

जीत के बाद क्या है
होनी का लक्ष्य क्या
लक्ष्य के भीतर क्या है
क्या होगा मैं जीत गया
उदासी का अरसा जो बीत गया

एक दिन ऐसा आएगा
फिर होनी का तूफान चलेगा
कृत्य अंजाम का मान घटेगा

गिर जाना उठ जाना
उठ के फिर गिर जाना
होनी और कर्म का
यहीं फलसफा है
कभी हार है
तो कभी जीत है
जीत के बाद क्या है

# राजरानी

नैन रूहानी
शक्ल सुहानी
अंग नूरानी
बदन कहानी
सुनो जगत की राज रानी

उठो नींद से
अब तो जागो
धन दौलत का मोह त्यागो
देखो तुम एक
नव नीरज हो
मोह देश में
त्याग धीरज हो
प्रीत के बदले प्रीत लुटाओ
लावण्य धन से मत तोलो
प्रीतम के संग मौज उड़ाओ
चख स्वाद तुम दौलत का
वस्त्र बदन का मत खोलो

मान तुम्हारा देवी का

अवमान का मार्ग बंद करो
गर्व करो अपनी शोभा पर
अभिमान का खम्भ बुलंद करो
सौंदर्य स्वाद लुटाओगी जो
धन दौलत की लालच में
तनिक सम्मान न पाओगी
यौवन सुख के एवज में

काम सुख के हरे प्रदेश में
जैसे चाहो राज करो
रंग रूप व तरुणाई का
जितना चाहो स्वाद चखो
किन्तु इतना ध्यान रहे कि
शीश तुम्हारा झुक न सके
जब भी कोई उठे प्रश्न तो
आत्मसम्मान के प्रत्युत्तर में
कंठ तुम्हारा रुंध ना सके

आरम्भ करो एक नए युग का
जिसमे हो प्रारम्भ अमूल्य प्रेम का
हो असंभव मोल-भाव देह का
अटूट अमर संकल्प करो

स्वर रागिनी
पुष्प कुमुदनी
कवित जुबानी

प्रेमसूत्र कि अमर कहानी
सुनो जगत कि राजरानी

# फर्ज

भूमि को तर कर
मिटटी की प्यास बुझाता है
समय समय से बरसा कर
बादल अपना फर्ज निभाता है

फर्ज कुछ मिटटी का भी
बन जाता है
अन्न उपजाकर गर्भ से अपने
कुछ तो भार उतर जाता है

कर संचार प्रभा का
जीव लोक में
भोर का रूप दिखाता है
कोना कोना किरणे भेजकर
सूरज भी फर्ज निभाता है

# पत्तियों में सूरज

बाँहों को होने लगा
एहसास
हवावों के ठंढे होने का

तलवों को चूमने लगीं
ओस की बुँदे,
उसकी कुछ छीटें
अंगूठे पर नाखुन के किनारे
उड़कर बैठे,
और हँसते हुए फिसलने लगे

कुछ एक पंछियों की
अलाप कानों को चूमने लगी
दूब के पत्तों पर
पांव के निशान छूट रहे हैं
गेंहू की बालियों पर
नाचने लगे हैं पंख वाले कीट

वहां आसमान
रंग बदलने लगा है

आँखों की पुतलियों को
वरदान मिल रहा है
बगीचे में खड़े
दरख्तों की डालियों को
मिल रही है लालिमा की सलामी

आम के कोमल
पत्तियों के झुण्ड में
रंग बदलकर
थोड़ा पीला होते हुए
एक ठूंठ डाली के
एकलौते पत्ते के सतह पर
खुद को प्रस्तुत करता हुआ
सूरज आ चूका है
और आ चूका है
चमकता हुआ सवेरा

# समस्या और आम जीवन

अपनी समस्याओं का
समाधान कैसे करें
दिन में आराम कैसे करें
रोज का रूटीन सख्त है
इक्षाओं के रस्ते पस्त हैं
मनचाहा जलपान कैसे करें

घर परिवार की जिम्मेवारी है
कहाँ नौकरी सरकारी है
रोज कमाना है
रात के लिए रोटी जुटाना है
आम जीवन में बात यही सही है
कभी कुछ है तो कुछ नहीं है
पेट भरने की भूख में
क्या गलत क्या सही है
बेरोजगारी की भीड़ में
सही गलत की पहचान कैसे करें
अपनी समस्याओं का समाधान कैसे करें

# भागता हुआ शहर

कभी कभी
सवेरे उठने का मन नहीं करता
तब ये शहर
ये शहर जो पराया है
जिसे मजदूरों की मुट्ठियों ने बनाया है
अपना एहसान चुकाता है
ये शहर
प्रत्येक दिन बिस्तर से उठाता है
ये शहर

1.
गॉंव के धूल और धूप से
वंचित कर्मचारी को
वातानुकूल दफ्तर में
घर के पीछे वाले बगीचे में
खड़े दरख्तों की खुशबूदार
हवाओं की याद
दोपहर में एकबार
जरूर दिला जाता है
ये शहर

2.

दफ्तर से निकलने का बाद
रोड पर ऑटो के इंतज़ार में
शहर भी शामिल होता है

एक झलक दिख जाती है
छत पर अटके आसमान
और उसको गले लगाते शाम की

तो ऑटो में बैठते समय
गॉव के मोहल्ले से
गुजरते हुए तांगे में
नधि घोड़ी के घुंघरुओं की
याद दिला जाता है
ये शहर

# प्रशंसा का छंद होगा

प्रशंसा का छंद होगा

ये क्या चल रहा है
ये क्या हो रहा है

कब तक होगा
किस हद तक होगा

अब तो बहोत हुआ
अब तो ठहरना चाहिए
शुरुआत वर्षों पहले हुआ
अब तो रुकना चाहिए!

लगता है कि
इसका अंत नहीं होगा
भावी दृश्यमान हो रहा है
शायद कुछ
असाधारण होगा!

मैं जो सोंचता हू

क्या वैसा ही होगा
शायद उससे भी वृहत होगा
जन जन में लहर होगा
मुस्कुराहटों की बुँदे होंगी
फूलों की वर्षा होगी
कोलाहल होगा
बातें होंगी
प्रशंसा का छंद होगा!

अपनों का आलिंगन होगा
पथ में फूल बिछेंगे!

अभी जो है
जो चल रहा है
वो रुकेगा नहीं

बल्कि परिणाम विलक्षण होगा
और इसी लोक में अभिनन्दन होगा!

# झूठा इकरार मत करो

इनसे झूठा इकरार मत करो

सामाजिक विशैले परिन्दों
रार करना चाहते हो!
अपने परों का जहर
असरदार करना चाहते हो!

अरे तो
आओ तो सही
मिलो तो ज़ारा
कुछ बात तो करो
पास बैठो तो जरा
सवाल जवाब तो करो!

अरे कायर हो
तुम क्या मिलोगे
अवसर के आशिक हो
खुशबू आते ही घुल जावोगे!

मैं बुझदिल नहीं

शराफत का झूठा प्रचार मत करो!
ये पब्लिक है -
सब जानती है
इनसे झूठा इकरार मत करो!

# कल फिर आएगा

गांव का सूरज
कभी डूबता नहीं

हर शाम बस एक ही बात
हंसते हुए कहता है-
और छुप जाता है
"कल फिर आएगा"

देखो कैसे हंस रहा है
कल फिर आने की ख़ुशी में
थोड़ा उदास है
ठंडी के कारण
जल्दी जाना पड़ रहा है!

फरवरी है ना
इसिलिये
मार्च से फिर ज्यादा
और ज्यादा आसमां में
खेल सकेगा!
इस उम्मीद में

आज की रात
मुस्कुराता हुआ!
"सो जायेगा"

"कल फिर आएगा"